BEI GRIN MACHT SICH IHR WISSEN BEZAHLT

- Wir veröffentlichen Ihre Hausarbeit, Bachelor- und Masterarbeit

- Ihr eigenes eBook und Buch - weltweit in allen wichtigen Shops

- Verdienen Sie an jedem Verkauf

Jetzt bei www.GRIN.com hochladen und kostenlos publizieren

Dennis Scholze

Lehrwerkanalyse: "Deutsch als Fremdsprache: Schritte 1/A1"

GRIN Verlag

Bibliografische Information der Deutschen Nationalbibliothek:

Die Deutsche Bibliothek verzeichnet diese Publikation in der Deutschen National-
bibliografie; detaillierte bibliografische Daten sind im Internet über http://dnb.d-
nb.de/ abrufbar.

Dieses Werk sowie alle darin enthaltenen einzelnen Beiträge und Abbildungen
sind urheberrechtlich geschützt. Jede Verwertung, die nicht ausdrücklich vom
Urheberrechtsschutz zugelassen ist, bedarf der vorherigen Zustimmung des Verlages. Das gilt insbesondere für Vervielfältigungen, Bearbeitungen, Übersetzungen,
Mikroverfilmungen, Auswertungen durch Datenbanken und für die Einspeicherung
und Verarbeitung in elektronische Systeme. Alle Rechte, auch die des auszugsweisen
Nachdrucks, der fotomechanischen Wiedergabe (einschließlich Mikrokopie) sowie
der Auswertung durch Datenbanken oder ähnliche Einrichtungen, vorbehalten.

Impressum:

Copyright © 2006 GRIN Verlag GmbH
Druck und Bindung: Books on Demand GmbH, Norderstedt Germany
ISBN: 978-3-640-14902-5

Dieses Buch bei GRIN:

http://www.grin.com/de/e-book/114037/lehrwerkanalyse-deutsch-als-fremdsprache-
schritte-1-a1

GRIN - Your knowledge has value

Der GRIN Verlag publiziert seit 1998 wissenschaftliche Arbeiten von Studenten, Hochschullehrern und anderen Akademikern als eBook und gedrucktes Buch. Die Verlagswebsite www.grin.com ist die ideale Plattform zur Veröffentlichung von Hausarbeiten, Abschlussarbeiten, wissenschaftlichen Aufsätzen, Dissertationen und Fachbüchern.

Besuchen Sie uns im Internet:

http://www.grin.com/

http://www.facebook.com/grincom

http://www.twitter.com/grin_com

Schriftliche Hausarbeit

„Deutsch als Fremdsprache: Schritte 1/A1"
Eine Lehrwerkanalyse

Gliederung

1. Einleitung

Die vorliegende Hausarbeit nimmt eine Lehrwerkanalyse nach dem Stockholmer Kriterienkatalog[1] vor.

Als Lehrwerk wurde dafür das Kurs- und Arbeitsbuch „Deutsch als Fremdsprache: Schritte 1 (Niveau A1/1)"[2] ausgewählt, das für den Erwerb von Grundkenntnissen des Deutschen konzipiert wurde.

Das Lehrwerk richtet sich an „Erwachsene Anfänger an Institutionen der Erwachsenenbildung in einem deutschsprachigen Land [...] [und an] Lernende im Ausland, die sich auf das Leben (Studien- oder Arbeitsaufenthalt) in einem deutschsprachigen Land vorbereiten wollen."[3]

Der Hueber- Verlag selbst nimmt zudem eine Binnendifferenzierung vor, indem er die Zielgruppe sowohl in geübten, weniger geübten und lernunerfahrenen Teilnehmer/ innen sieht.[4]

Es ist der erste Band einer Reihe von insgesamt sechs Bänden, die ersten vier Bände beinhalten jeweils acht, die Bände fünf und sechs jeweils zehn Lektionen.

2. Aufbau des Lehrwerkes

Nach dem Stockholmer Kriterienkatalog sollte jedes Lehrwerk einen Textteil und einen Arbeitsteil, bzw. - buch enthalten.

Das Lehrwerk „Schritte 1/ A1" erfüllt diese Kriterien, da es von vorn herein in ein Kurs- und ein Arbeitsbuch zweigeteilt ist. Das Kursbuch enthält Textpassagen, die zumeist recht kurz sind und so den Kompetenzen der Sprachlernanfänger angepasst sind.

Weitere Stockholmer Kriterien sind ein Grammatikteil und ein Wörterverzeichnis, gegebenenfalls mit phonetischen Angaben.

---

[1]   KRUMM, Hans- Jürgen, S.273f. In: KAST, Bernd/ NEUNER, Gerhard: Zur Analyse, Begutachtung und Entwicklung von Lehrwerken für den fremdsprachlichen Deutschunterricht. Berlin: Langenscheidt, 1994.
[2]   BOVERMANN, Monika et al: Deutsch als Fremdsprache: Schritte 1, Niveau A1/ 1 (Kursbuch und Arbeitsbuch). Ismaning: Hueber, 2003.
[3]   http://www.buchkatalog.de/kod-bin/isuche.cgi.
[4]   vgl. http://www.hueber.de/sixcms/list.php?page=info_index_sri.

In „Schritte 1/ A1" befindet sich ein Grammatikteil am Ende einer jeden Lektionen. Dort werden die bedeutsamsten grammatikalischen Regeln sowie wichtige Wörter und Wendungen noch einmal für den Lerner zusammengefasst. Auch ein alphabetisches Wörterverzeichnis ist in den „Schritte" - Bänden vorhanden, es umfasst im Falle von „Schritte 1/ A1" vier Seiten. Der Lerner erfährt auf diesen Seiten, wo das gesuchte Wort im Kursbuch wieder zu finden ist.

Das Vorhandensein von Tonbändern und Kassetten ist ein weiteres, vom Stockholmer Katalog gefordertes Merkmal, das in Form von CDs, die zu dem Lehrwerk erhältlich sind, erfüllt wird.

Leider liegt mir diese nicht vor, aber anhand der im Kursbuch enthaltenden Übungen wird deutlich, dass auf der CD verschiedene Hörverständnisübungen enthalten sind.

Wie weiterhin gefordert, ist zu dem Lehrwerk auch ein Lehrerhandbuch zu bestellen, dass nach Aussage des Verlages „methodisch-didaktische Hinweise [...] zu jeder Kursbuchseite, unterrichtspraktische Tipps und viele Vorschläge zur Binnendifferenzierung [...], zahlreiche Kopiervorlagen [...] mit Spielen und Übungen, einen Test [...] zu jeder Lektion, die Transkriptionen [...] der Hörtexte [sowie] die Lösungen [...] zu den Aufgaben im Kurs- und Arbeitsbuch"[5] enthält.

3. Layout

Die äußere Gestaltung des Lehrwerkes ist durchaus ansprechend gelungen. Das Frontcover bedient sich der Grundfarben grün und gelb, die einen „frischen" Gesamteindruck vermitteln. Darüber hinaus befinden sich im oberen Drittel des vorderen Einbandes einige Fotos, die sich auch im Inneren des Buches wieder finden lassen. Diese zeigen verschiedene Situationen, in denen der Deutschanfänger seine Sprachkenntnisse wird benutzen können: Im Supermarkt oder in einer deutschen Familie. Die abgebildeten Personen sind zugleich die Hauptpersonen in dem gesamten Lehrwerk. Die Fotos wirken modern und durchaus realistisch.

---

[5]   http://www.hueber.de/sixcms/list.php?page=info_lehrerhandbuch_sri.

Die Gestaltung der Lektionen und Lehrbuchseiten ist im Allgemeinen ebenfalls gut gelungen, die Seiten sind klar strukturiert, es gibt Fotos, Zeichnungen und diverse Piktogramme, die das Gesamtbild auflockern und die Motivation steigern.

Im Vergleich mit Lehrwerken wie „Lagune"[6], die bereits für Jugendliche ab 16 Jahren konzipiert sind, bedient es sich weniger Farben als eben dieses, ist damit jedoch wesentlich zielgruppenorientierter, da Erwachsene häufig mehr Wert auf eine übersichtliche Gestaltung und weniger auf sehr viele Farben legen.

Bild und Text sind pädagogisch aufeinander abgestimmt, die Bilder (Fotos, Zeichnungen, Piktogramme) bieten dem Sprachlerner Sprech- und Schreibanlässe.

Die vorliegende Paperback- Ausgabe von „Schritte" ist zwar gut verarbeitet, jedoch würde ich bei einem regelmäßigen Gebrauch die Hardcover- Ausgabe bevorzugen, die jedoch nicht erhältlich ist.

4. Übereinstimmung mit dem Lehrplan

Das Lehrwerk „Schritte 1/ A1" orientiert sich in seiner Zielsetzung direkt an dem „Gemeinsamen Europäischem Referenzrahmen".

„Der ‚Referenzrahmen für das Sprachenlernen' des Europarats (A Common European Framework of References, Council for Cultural Co-operation, Education Committee, Straßburg) sieht sechs Einteilungsstufen zur Bestimmung des sprachlichen Niveaus vor"[7]:

---

[6]   ebenfalls erschienen im Hueber Verlag.
[7]   http://www.hueber.de/sixcms/list.php?page=referenzrahmen_daf.

A Elementare Sprachverwendung (Anfänger- und fortgeschrittenes Anfängerniveau)	B Selbstständige Sprachverwendung (mittleres allgemeines und berufsbezogenes Niveau)	C Kompetente Sprachverwendung (hohes Sprachniveau bis hin zu fast muttersprachlicher Kompetenz)
A1: Breakthrough A2: Waystage	B1: Threshold B2: Vantage	C1: Proficiency C2: Mastery

Abb.1: Einteilung der Sprachlerner in sprachliche Niveaus
(http://www.hueber.de/sixcms/list.php?page=referenzrahmen_daf)

Dieser „Gemeinsame Europäische Referenzrahmen" verfolgt unterschiedliche Zielsetzungen:

1. „Er stellt eine europaweit gültige Basis für Lehrplanarbeit, Lehrwerk- und Prüfungsentwicklung und Unterricht zur Verfügung.

2. Er hilft, Barrieren zu überwinden, die aufgrund von unterschiedlichen Bildungssystemen in Europa bestehen.

3. Er erhöht die Selbstständigkeit des Unterrichtenden und des Lernenden, indem er Unterrichtsinhalte und -ziele und Qualifikationen transparent macht. Der Lerner kann sich und seine Leistungen dadurch gut einschätzen.

4. Er stellt die Fertigkeiten "Verstehen" (Hören und Lesen), "Sprechen" (an Gesprächen teilnehmen, zusammenhängendes Sprechen) und "Schreiben" in den Vordergrund.

5. Er berücksichtigt die für das Sprachenlernen überaus wichtige kulturelle Komponente (Lebensbedingungen in den unterschiedlichen Ländern, Werte, Körpersprache, soziale Konventionen, rituelles Verhalten etc.). Das "interkulturelle Bewusstsein" wird dadurch geschärft.

6. Er berücksichtigt Kommunikation im beruflichen Umfeld.

7. Er fördert aufgrund von europaweit gültigen Abschlüssen in Form von Europäischen Sprachenzertifikaten die Mobilität der Bürger. Die Prüfungszentren (größere Einrichtungen der Erwachsenenbildung) sind

flächendeckend verteilt, so dass es in der Regel keine weiten Wege zum Zertifikat gibt."[8]

Das Lehrwerk greift die geforderten Aspekte auf, insbesondere die Forderungen nach Eigenständigkeit der Lehrenden und Lernenden (3.), die unterschiedlichen Fertigkeiten (4.), landeskundliche und kulturelle Aspekte (5.) sowie die berufliche Kommunikation (6.).

5. Inhalte- Landeskunde

Die Fragestellung, ob die im Lehrwerk vorhandenen Texte sachlich richtig und altersgerecht sind, kann mit „ja" beantwortet werden.

Nach der Durchsicht des Kursbuches konnte von meiner Seite kein Fehler gefunden werden und durch die unterschiedlichen Themenkomplexe „Guten Tag. Mein Name ist..."(1), „Meine Familie"(2), „Einkauf"(3), „Meine Wohnung"(4), „Mein Tag"(5), „Freizeit"(6), „Kinder und Schule"(7) werden Themen angesprochen, die insbesondere für den erwachsenen Deutschlerner bedeutsam sind.

Die Themen sind ausgewogen, problemorientiert und der Lebenswelt dieser Erwachsenen angeglichen.

Sie bieten dem Deutschanfänger die Möglichkeit zunächst sich selbst und seine Familie vorstellen zu können, dann den täglichen Einkauf zu bewältigen, über sein Lebensumfeld wie seine Wohnung und seinen Tag (5+6) berichten sowie mit der Schule der Kinder in Kontakt treten zu können. Somit sind die Themenkomplexe diejenigen, die für eine neu in Deutschland angekommene Person relevant sind.

Diese wirken unterhaltend und sind abwechslungsreich gestaltet, was auch darin begründet ist, dass die Lektionen nie besonders lang sind (sieben Seiten und eine Grammatikseite pro Lektion)

Kulturkontrastive Aspekte werden insofern berücksichtigt, als dass die deutsche „Normalität" dargestellt wird, die sich mitunter sehr von der anderer Länder unterscheidet.

---

[8]   http://www.hueber.de/sixcms/list.php?page=referenzrahmen_daf.

Als Identifikationsfigur des Buches dient in erster Linie der Ukrainer Nikolaj Miron, der offenbar noch nicht lange in Deutschland wohnt. Darüber hinaus kommen in vielen der Übungen im Kursbuch auch Personen anderer Nationalitäten vor, wie beispielsweise Herr Khosa (Seite13), Frau Thi Giang aus Vietnam, Herr Afo aus Togo, Metin und Elif aus der Türkei (Seite 20), Adil Benhassi aus Marokko oder auch Frau Manuela Silva Cabral aus Portugal (Seite 21).

Weitere Hauptpersonen des Lehrwerkes sind Bruno, Tina und Sara Schneider, die eine deutsche Familie repräsentieren. Einblicke in ihren Alltag kann auch für Deutschlerner interessant sein.

Männliche und weibliche Personen sind in einem sehr ausgewogenen Verhältnis in „Schritte 1" repräsentiert, sowohl in den Abbildungen als auch im Text.

Rollenklischees werden nur zum Teil vermieden, die weibliche Hauptpersonen, Tina Schneider stellt eine berufstätige Mutter dar. Gleich zu Beginn der zweiten Lektion ist ein Foto von ihr dabei zu sehen, wie sie eine Gemüsekiste im Geschäft ihres Mannes ausräumt. In der fünften Lektion (Seite 43, B1) dagegen sind Zeichnungen zu sehen, in denen Tina Schneider darüber hinaus die Wohnung aufräumt, kocht, den Tisch deckt oder einkauft. Ihr Mann ist nur in Situationen abgebildet, wo er fern sieht oder im Geschäft arbeitet. Insgesamt vermittelt das Lehrbuch also eher den Eindruck des Alltages einer berufstätigen Mutter als eines emanzipierten Vaters.

Der Sprachlerner bekommt so einen Eindruck in das Alltagsleben in Familie, Schule, bei der Arbeit und in der Freizeit.

In welcher Umgebung die Geschichten um Nikolaj und die Familie Schneider geschehen, ist nicht thematisiert, wahrscheinlich ist aber, dass sie in einer Stadt und nicht auf dem Land stattfinden.

Es werden in diesem ersten „Schritte" -Band noch keine Menschen aus verschiedenen sozialen Schichten präsentiert, eher aus unterschiedlichen Volksgruppen. Berufe werden noch nicht zum Thema genommen und somit auch nicht die verschiedenen Einkommensgruppen.

Gleich in der Innenseite des vorderen Einbandes des Lehrwerkes erhält der Deutschanfänger eine Deutschlandkarte, wo alle bedeutsamen Städte gesondert hervorgehoben sind. Auch die umgebende Staaten Dänemark,

Polen, die Tschechische Republik, Österreich, Slowenien, Italien, die Schweiz, Frankreich, Luxemburg, Belgien und die Niederlande sind abgebildet, um dem Lerner eine Verortung im Raum zu ermöglichen.

Außerdem befindet sich eine Übung zu Deutschland, Österreich und der Schweiz auf Seite 22.

Ebenfalls auf dieser Seite lässt sich anhand von Fotos die Vielfalt der Landschaftstypen im deutschsprachigen Raum (Berlin, Hamburg, Wien, Zürich) erahnen.

Die verschiedenen politischen Systeme der deutschsprachigen Länder werden in diesem ersten Lehrwerk der „Schritte" –Reihe, in dem es vorwiegend um den Nahraum der Deutschneuanfänger geht, noch nicht vorgestellt, ebenso wenig wie die verschiedenen wirtschaftlichen Systeme und Lebensbedingungen in den deutschsprachigen Ländern.

Auch aktuelle Bezüge wie beispielsweise Fragen der Umwelt, der Computergesellschaft, der Handelsbeziehungen zwischen den deutschsprachigen Ländern und dem Heimatland werden in diesem Lehrwerk auch noch nicht thematisiert. Als einziger Bezug zur Arbeitswelt dient eine Abbildung, in der die Öffnungzeiten des Arbeitsamtes vermerkt sind (Seite 46).[9]

Der Stockholmer Kriterienkatalog sieht des weiteren vor, dass Kulturaspekte wie Feste, Sitten und Gebräuche in Lehrwerken gezeigt werden sollten.

Dies geschieht häufig durch Fotos und Zeichnungen, so auch zum Beispiel auf Seite 12, wo Nikolaj eine Nachbarin per Händeschütteln begrüßt oder auch der Umstand, dass die Familie Schneider, als sie einer Einladung Nikolajs in seine Wohnung folgt, eine Flasche Wein mitbringt.

Im zweiten Band der Reihe, „Schritte 2"[10] werden Silvester und Neujahr thematisiert, mit allen dazugehörigen Sitten wie „das Datum erfragen und nennen", „Gründe angeben einen Termin absagen und zusagen", „Einladungen lesen und schreiben" oder „Glückwünsche ausdrücken"(Seite 56f.). Des weiteren besitzt auch „Schritte 3" eine Lektion „Feste und Geschenke" (Lektion 7).[11]

---

[9]   Das Thema „Arbeitswelt" wird zum ersten Mal umfassend thematisiert in: „Schritte 3", Lektion 4
        (vgl. http://www.hueber.de/sixcms/media.php/36/Schritte3_Inhalt.pdf.)
[10]   vgl. http://www.hueber.de/sixcms/media.php/36/Schritte2_Inhalt.pdf.
[11]   vgl. http://www.hueber.de/sixcms/media.php/36/Schritte3_Inhalt.pdf.

9

Kunst, Musik, Theater oder Film etc. oder Jugend- und Alternativkultur werden in dem ersten Band noch nicht angesprochen. Auch literarische Texte (Gedichte, Kurzgeschichten etc.) werden noch nicht vorgestellt, was sich im Verlauf der Lehrbuchreihe sicherlich noch ändern wird.

Wichtige geschichtliche Informationen werden nicht vermittelt, ebenso wenig bietet das Lehrwerk die Möglichkeit, die besonderen Beziehungen deutschsprachiger Länder zum eigenen Land zu verhandeln, oder sich über Verhältnisse im eigenen Land, z.B. Sitten und Bräuche, Wirtschaft, soziale Sicherung auf deutsch zu äußern. Dieser Mangel sollte jedoch nicht als ein solcher verstanden werden, denn solche Ansprüche wären bei dem ersten Band auch fehl am Platze.

6. Sprache

Das Lehrwerk orientiert sich insgesamt an der Standardsprache, wie sie auch im Duden zu finden wäre.

Der erste Band der „Schritte" - Reihe bietet noch keine Beispiele für die sprachliche Vielfalt, wie z.B. Umgangssprache, Jugendsprache, Werbesprache, Fachsprache oder literarische Sprache, was in so einem frühen Lernstadium sicher auch verfrüht wäre.

Die Sprache im Lehrwerk ist der Situation angemessen, es richtet sich auch sprachlich an Erwachsene und spricht diese mit der „Sie" - Form an.

Der Kontext der Unterhaltungen ist klar erkennbar: Ein Ukrainer, neu in Deutschland, beginnt sich in seiner Umgebung zu orientieren und lernt dabei unterschiedliche Menschen kennen, junge wie alte.

Eine außerordentliche Vielfalt an Textsorten (Dialoge, erzählende Texte, Sach-/ Fachtexte, Zeitungstexte usw.) ist in diesem ersten Band nicht gegeben. Der Fokus liegt ganz eindeutig auf den Dialogen, die sicher zum Ziel haben, die Lernenden zunächst in die Lage zu versetzen, dass sie miteinander und mit ihrer Umwelt kommunizieren können. Ich gehe davon aus, dass sich die Textvielfalt im weiteren Verlauf der „Schritte" - Reihe erhöht und sich weiter ausdifferenziert.

Das Lehrwerk enthält viel Material zur Rezeption (Hören und Lesen) und Produktion (Sprechen und Schreiben) von Sprache.

Viele der Übungen tragen den Titel „Hören Sie und ergänzen Sie"(Seite 19), „Sprechen Sie…"(Seite 43) oder auch „Schreiben Sie eine Anzeige" (Seite 53) Im Allgemeinen wirkt die Sprache authentisch, nur eine Arbeitsanweisung würde ich als Muttersprachlerin etwas anders formulieren: Anstelle von „Hören Sie und ordnen Sie zu" würde ich „Hören und ordnen Sie zu" sagen, wenngleich mir bewusst ist, dass die im Lehrbuch verwandte für einen DaF- Lerner eindeutiger ist. Für mich hört sie sich nur etwas künstlich an.

Es ist festzuhalten, dass die Sprache für die jeweilige Lernstufe nicht zu schwierig (zu viele neue Wörter, komplexer Satzbau) ist und wahrscheinlich auch nicht zu leicht (langweilig). Es wird darauf geachtet, möglichst wenig lange Satzkonstruktionen zu verwenden, die bereits eingeführten Wörter wiederholen sich in regelmäßigen Abständen, es kommt je Lektion eine überschaubare Anzahl neuer Wörter hinzu.

Die Frage, ob zusammenhängende Lesetexte vorhanden sind, die ein ausgewogenes Verhältnis zwischen Lang- und Kurztexten entstehen lassen, muss verneint werden, denn es sind keine Langtexte bzw. zusammenhängende Lesetexte existent. Dies ist darauf zurückzuführen, dass das Lehrwerk der erste Band einer Reihe ist und die DaF- Lerner nicht gleich überfordern möchte.

Wichtige Redesituationen, die in Dialogen vorgeführt werden sind beispielsweise Kennlerngespräche mit dem Nachbarn oder im Supermarkt. Weiterhin werden Dialoge zu Wohnungen vorgestellt oder auch Gespräche zum Tagesgeschehen.

Die Lehrbuchtexte regen zur kreativen Weiterarbeit an: Es darf mit dem Partner diskutiert werden, wann dieser beispielsweise aufsteht (Seite 44), die Lernenden sollen von ihrem Tag berichten (eigene Texte schreiben, Seite 45), was in diesem ersten Lehrbuch allerdings noch nicht gefordert ist, ist „Dramatisieren und Rollenspiele".

Der Stockholmer Kriterienkatalog fordert außerdem, dass die Lehrbuchtexte auch „die emotionalen Ausdrucksmöglichkeiten der Sprache" vorführen (dazu gehört auch das Vorhandensein von Spielen, Liedern, Reimen, aber auch Ausdrücke von Freude, Wut, Angst etc.). Durch die Einführung von Begrifflichkeiten wie „Ich mache…gern"(Seite 43) ist der Lerner imstande, einen

Teil seiner Emotionen auszudrücken, mehr ist in diesem Lehrwerk jedoch nicht enthalten, möglicherweise weil es versucht, sich auf das „Wesentliche" zu beschränken.

Wörter und Ausdrücke werden genügend erklärt, relativ häufig wiederholt und durch visuelle Darstellungen verdeutlicht. Sprachliche Verwandtschaften zur Lernerleichterung werden hier nicht ausgenutzt, da es sich um ein Lehrwerk handelt, dass für Ausländer vieler Herkunftsländer konzipiert wurde. Dies mag bei den „Schritte" -Bänden, die sich explizit auf eine homogene Lerngruppe beziehen anders sein (Bspl. Deutsch- Russisch).

Kulturell- sprachliche Unterschiede (z.B. Du- Sie- Konventionen) werden insofern berücksichtigt, als dass sie gleich in der zweiten Lektion (Seite 18) besonders erklärt werden.

Fragen der Aussprache und Intonation werden im Übungsteil des Lehrbuches systematisch behandelt, indem es besondere Übungen zur Betonung und Satzmelodie konzipiert wurden (Bspl. Seite 67). Intonationshilfen werden mit Hilfe von Akzenten und Pfeilen gegeben, die Hebungen und Senkungen in der Sprachmelodie anzeigen oder einen Hinweis darauf geben, welche Wörter im Satz besonders betont sein müssen.

Die kontrastiv schwierigen Laute werden besonders berücksichtigt, als ein Beispiel dafür diene die Übung 17 (Seite 71), wo die Laute „ei" und „au" besondere Beachtung finden.

Zu den Audiomaterialien zu dem Lehrwerk kann ich nur insofern etwas sagen, als dass eine CD zu dem Lehrbuch erhältlich ist, diese mir aber leider nicht vorliegt. Einen kleinen Eindruck vermittelte mir jedoch ein Hörbeispiel auf der Homepage des Hueber- Verlages[12]. Die Aufnahme klang authentisch soweit es die deutschen Personen in der Bildergeschichte betrifft, der Neuankömmling Nikolaj hatte dagegen kaum einen Akzent, was ich als nicht passend empfinde. Natürlich muss die Person aber seitens der DaF- Lerner gut zu verstehen sein, so dass hier Kosten und Nutzen gegeneinander abgewogen werden müssen und ich mich auch für eine bessere Verständlichkeit entscheiden würde, so wenig authentisch diese auch wirken möchte.

---

[12]   http://www.hueber.de/sixcms/list.php?page=info_hoergeschichte_sri&menu=11856.

7. Grammatik

Die wenigen, in diesem Lehrwerk vorhandenen, Texte sind im Hinblick auf die grammatikalischen Fähigkeiten der Schüler und unter kommunikativen Gesichtspunkten konzipiert.

In dem Lehrwerk gibt es eine systematische Behandlung (Progression) der Grammatik im Laufe des Lehrwerks, indem diese am Ende jeder Lektion eine Seite lang behandelt wird. Die Progression ist dabei eher flach, d.h. die relative Menge an Grammatik je Lektion ist recht gering. Dabei wird insbesondere die pragmatisch- kommunikative Grammatik berücksichtigt,

Die grammatischen Probleme werden im Grammatikteil nicht wiederholt, sondern durch die Übungen im Kurslehrbuch vertieft.

Die Grammatiktheorie bzw. das Grammatikmodell dem Lehrbuch zugrunde liegt, ist ein eher pragmatisch- kommunikatives. Es werden dem Lerner nur so viele Grammatikregeln „zugemutet", wie er zu seinem gegenwärtigen Kenntnisstand des Deutschen auch verarbeiten kann. Es ist zu erkennen, dass der Grammatikteil zum Ende des Lehrbuches hin zunimmt.

Im Grammatikteil der Lektionen wird von Anfang an eine grammatische Terminologie benutzt, die den Schülern nicht noch einmal gesondert erklärt wird. Diese müssen also bereits geschult sein im Umgang mit grammatischen Strukturen oder bedürfen nähere Erklärungen seitens der Lehrkraft, die ihnen erklären muss, was Verben, Konjugationen, Nomen, Wortbildungen (Beispiele aus der ersten Lektion) sind.

Es liegt kein Verweis auf eine umfassendere grammatikalische Darstellung vor. Grammatische Regeln werden nicht gegeben, das Regelwerk muss sich der Schüler aus den Beispielen ableiten, wobei ich mir durchaus vorstellen kann, dass sich dies im Verlaufe der Lehrbuchreihe noch ändert.

Beispiele und Vergleiche zur Muttersprache werden nicht gegeben, da diese variieren.

8. Übungen

Die Arbeitsanweisungen sind eindeutig und alle auf deutsch, da es sich hier, wie bereits erwähnt, um ein Lehrbuch für eine heterogene Gruppe (d.h. verschiedene Herkunftsländer) handelt.

Die Lernenden werden gesiezt, der Ton ist dabei aber nicht distanziert, sondern freundlich gehalten.

Im Übungsteil werden die Fertigkeiten Sprechen und Schreiben in einem recht ausgewogenem Verhältnis geübt. Dies geschieht mittels unterschiedlicher Schreibübungen und Leseübungen. Im Kursbuchteil kommen zu diesen Aufgaben noch Sprechübungen mit dem Partner (tatsächliche Dialoge) sowie Hörverständnisübungen, so dass festgehalten werden kann, dass eine Vielzahl von Fertigkeiten geübt werden.

Im Arbeitsbuch des Lehrwerkes sind verschiedene Arten von Übungen gegeben: Zu Beginn einer jeden Lektion werden meist zunächst Hörverständnisübungen gegeben, dann Aufgaben, in denen die Schüler aufgefordert sind, zu schreiben. Meist soll in diesen ein Lückentext ergänzt werden. Am Anschluss daran sind häufig wieder Hörverständnisübungen gegeben oder Leseübungen.

Die Übungen sind systematisch aufgebaut und ermöglichen sie eine schrittweise Einübung nach dem Muster:

1. Verstehen (Hören- Lesen)
2. Reproduzierendes (Sprechen- Schreiben)
3. Sprechen und Schreiben in vorgegebenen Rollen und Situationen
4. freie Äußerungen (mündlich und schriftlich)

Beispielsweise wird im Arbeitsbuch in der ersten Lektion folgendermaßen vorgegangen:

Übung 1+2: Hörverständnisübung

Übung 3: Reproduzierendes Schreiben

Übung 4: Schreiben in vorgegebenen Rollen usw.

Übung 23: Schreiben eines Lerntagebuches

Insbesondere die Übung 23 ist geeignet, die Selbstständigkeit zu fördern, wie auch im Stockholmer Kriterienkatalog gefordert. Die Lerner erreichen Eigenständigkeit und werden sich ihrer Fortschritte bewusst.

Die Übungen im Arbeitsbuch sind dahingehend konzipiert, dass sie von den Schülern zuhause durchgeführt werden können (Hausaufgaben), wohingegen die im Kursbuchteil die Zusammenarbeit der DaF- Lerner fördern: Dies geschieht durch Aufgaben für zwei Personen (Partnerarbeit) oder durch Übungen, die an die gesamte Lerngruppe oder auch an Kleingruppen gerichtet sind. Typischerweise sind dies häufig Übungen, die Sprechanlässe bieten, wie eine Übung, wo die Schüler ihre Familienfotos mitbringen und die Personen auf den Fotos vorgestellt werden sollen.

Es besteht ganz eindeutig ein sprachlicher und thematischer Zusammenhang zwischen Textteil, Grammatik und Übungsteil:

Die Themen, die in einer Lektion im Kursbuchteil zu finden sind, finden ihre Ableitung auch im Grammatikteil (wo bestimmte grammatikalische Phänomene noch einmal gesondert argestellt werden) und in den Übungen des Arbeitsbuches.

Innerhalb des Lehrwerkes gibt es verschiedenartige Übungen, d.h. es werden Aufgaben angeboten, die unterschiedliche Fertigkeiten ansprechen.

Eine Differenzierung innerhalb heterogener Gruppen ist durch das Lehrerhandbuch ermöglicht, dass Übungen unterschiedlichem Schwierigkeitsgrade anbietet. Dadurch können leistungsstärkere und – schwächere ihr eigenes Lerntempo finden und werden nicht frustriert.

D2/D3 Redemittel: sich telefonisch krank melden

1. Lesen Sie gemeinsam mit den TN Zitat a) und fragen Sie: „Wer sagt das? Der Chef oder der Arbeiter?" Die TN vergleichen mit der Lösung im Buch. Verfahren Sie mit Zitat b) genauso.

2. Die TN finden sich paarweise zusammen und ordnen die übrigen Sätze dem passenden Sprecher (Chef bzw. Arbeiter) zu.

3. a) Wenn Sie viele ungeübte TN im Kurs haben, können Sie jetzt zunächst die Ergebnisse vergleichen. Die TN bringen das Gespräch anschließend in die richtige Reihenfolge. b) Geübte TN können die Reihenfolge sofort bestimmen.

4. Die TN hören den gesamten Dialog so oft wie nötig und korrigieren ggf. die Reihenfolge.

5. Abschlusskontrolle im Plenum. *Lösung:* c) C; d) A; e) A; f) C; g) A; h) C; *Lösung Reihenfolge:* 2 b); 3 d); 4 c); 5 e); 6 h); 7 g); 8 f)

6. Die TN spielen den Dialog mit ihrer Partnerin / ihrem Partner als Rollenspiel vor, um die Redemittel zu internalisieren.

<u>Abb.2</u>: Beispiel für die Binnendifferenzierung im Lehrerhandbuch („Schritte"2)
(http://62.48.71.204/sixcms/media.php/36/LHB-binnendiff.pdf)

Es gibt systematische Wiederholungen bestimmten Vokabulars und Ausdrücke, die in verschiedenen Übungen immer wieder aufgegriffen werden.

15

In diesem Lehrwerk gibt es ein ausreichendes Angebot an Übungen, sowohl im Kurs- als auch im Arbeitsbuch.

9. Die Perspektive der Schüler

Aus meiner Sicht werden die Schüler mit diesem Lehrwerk nicht überfordert, der Inhalt entspricht den für den Deutschlerner interessanten Themen wie beispielsweise Kennlernsituationen, Einkauf, Kontakt mit Einheimischen usw. Die Übungen bieten darüber hinaus genügend Abwechslung, wenngleich festgehalten werden muss, dass der Textanteil aufgrund der niedrigen Niveaustufe noch recht gering ist.

Durch die recht moderne Gestaltung des Lehrbuches entsteht Interesse bei den DaF- Lernern.

Zügigen Lernern könnte das Lehrbuch insgesamt zu langsam vorgehen, es treten viele Wiederholungen auf.

Das Lehrerhandbuch bietet im Falle von Langeweile seitens der Schüler binnendifferenzierende Übungen an, so dass kein Lerner über- oder unterfordert wird.

Eigenständige Weiterarbeit wird beispielsweise durch das Lerntagebuch möglich, in dem sich die Schüler frei entfalten können, d.h. sie können darin auch ihre eigenen Gedanken und Erfahrungen einbeziehen sowie ihre eigene Perspektive zur Sprache.

Durch dieses Lerntagebuch werden den Schülern auch ihre Lernziele und Lernfortschritte bewusster. Daher haben sie das Gefühl an ihrem eigenen Lernprozess mitwirken zu können.

Die Tatsache, dass das Kurs- und das Arbeitsbuch inhaltlich aufeinander abgeschirmt sind, besteht eine gute Möglichkeit Stoff nachzuholen und ohne direkte Hilfe durch den Lehrer Lücken aufzufüllen.

10. Fazit

Das Lehrwerk „Schritte 1/A1" ist insgesamt gut geeignet, einem DaF- Anfänger als Einstiegswerk zu dienen. Durch seine ansprechende Gestaltung trägt es dazu bei, den Lerner zu motivieren, ebenso wie durch den Fokus auf Kommunikation. Es wird zunächst vieles gelehrt, das die Deutsch- Neuanfänger in ihrem Alltagsleben benötigen, um mit ihrer Umwelt in Kontakt treten zu können. Das bringt zusätzliche Motivation. Die Übungen sind abwechslungsreich gestaltet, das Lerntagebuch fördert die Eigenständigkeit des Lernenden, gleich so, wie es von dem „Gemeinsame Europäische Referenzrahmen" gefordert wird. Der Lerner hat mit „Schritte" ein insgesamt gutes Lehrwerk an der Hand.

11. Literatur

BOVERMANN, Monika et al: Deutsch als Fremdsprache: Schritte 1, Niveau A1/ 1 (Kursbuch und Arbeitsbuch). Ismaning: Hueber, 2003.

KRUMM, Hans- Jürgen, S.273f. In: KAST, Bernd/ NEUNER, Gerhard: Zur Analyse, Begutachtung und Entwicklung von Lehrwerken für den fremdsprachlichen Deutschunterricht. Berlin: Langenscheidt, 1994.